EXAMEN

D'UN

DOCUMENT NOUVEAU

SUR BOILEAU

PAR

LE DOCTEUR PROMPT

PARIS
ERNEST LEROUX, ÉDITEUR
28, rue Bonaparte, 28
——
1894

À Monsieur Delisle
hommage de l'auteur

EXAMEN

D'UN

DOCUMENT NOUVEAU

SUR BOILEAU

PAR

LE DOCTEUR PROMPT

PARIS
ERNEST LEROUX, ÉDITEUR
28, rue Bonaparte, 28

1894

TABLE DES MATIÈRES

	Pages.
§ I. — Éditions du livre de Pradon	6
§ II. — Le Dialogue sur les Héros de roman	16
§ III. — Relations de Boileau avec Charpentier	23
Notes	32

> Y como soy aficionado a leer, aunque sean los papeles rotos de las calles, tomè un cartapacio de los que el muchacho vendia.......
> CERVANTES.

EXAMEN
D'UN DOCUMENT NOUVEAU
SUR BOILEAU

Le document que je me propose d'étudier est une édition, jusqu'ici oubliée et en quelque sorte inconnue, du livre anonyme de Pradon, cité tant de fois par Saint-Marc et par d'autres commentateurs, et qui a pour titre : « *Nouvelles Remarques sur les œuvres du sieur D****. »

Mais avant d'entrer en matière, je rappellerai en peu de mots l'état de la question de Boileau.

Boileau a publié lui-même beaucoup d'observations sur ses œuvres. Brossette, l'ami de ses dernières années, a recueilli dans ses relations avec lui des renseignements du même genre. Ces données sont très importantes; mais elles sont aussi très suspéctes, chaque fois qu'il s'agit d'un événement dans lequel Boileau a pu chercher à dissimuler la vérité.

En 1747, Saint-Marc a fait paraître une édition des œuvres du grand poète. On y trouve une foule de données originales. Depuis cette époque, on a imprimé des éditions, des éloges, des critiques, en quantité vraiment prodigieuse; mais ce ne sont jamais que des reproductions de ce qui avait été dit par Saint-Marc, par Boileau ou par Brossette.

Il y a donc aujourd'hui un siècle et demi qu'on a cessé d'étudier Boileau ; c'est une tâche bien ingrate que de reprendre un sujet rempli d'intérêt sans doute, mais dont personne ne veut s'occuper. C'est ce que j'ai fait pour le *Traité de l'Éloquence vulgaire* du Dante. Là il y avait un intervalle plus grand encore. Depuis Trissino jusqu'à moi, c'est-à-dire pendant quatre siècles, l'œuvre du Dante avait été réimprimée et critiquée fort souvent; mais personne ne l'avait lue. Je me suis permis de la lire ; cela a fait enrager beaucoup de monde. J'ai agi de même à l'égard de Boileau ; on m'en voudra peut-être ; mais cela ne me corrigera pas. J'ai le défaut d'aimer la lecture, et je lis de préférence les bons auteurs, c'est-à-dire ceux dont on parle beaucoup et qu'on lit fort peu.

§ Ier. — *Éditions du livre de Pradon.*

Il y a à la Bibliothèque de Grenoble un volume marqué E. 29491-29493. Ce signalement indique l'existence de trois pièces qui seraient reliées ensemble, et qui porteraient les numéros 29491, 29492, 29493. En réalité les pièces diverses qu'on a ainsi réunies sont au nombre de quatre; elles forment un petit in-12, dans lequel le relieur a effectué quelques transpositions.

On trouve d'abord le *Triomphe de Pradon sur les satires de Boileau*. Cet ouvrage est celui dont on a mis le titre au dos de la reliure.

Les feuillets sont pliés en six, de manière à former 12 pages chacun; il y en a cinq; les deux dernières pages sont blanches, en sorte que la dernière page du texte porte le chiffre 58.

Sur la page 1, il y a un bois assez bien fait qui représente Boileau sous la forme d'un satyre. Il cherche à déraciner un laurier — celui de Pradon sans doute; Mercure le surprend dans cette occupation, et le fustige avec une poignée de verges qu'il tient à la main. Dans l'autre main il tient son caducée; il a des ailes aux talons. Au fond du tableau, Pradon, appuyé sur son laurier, contemple cette scène d'un air attentif et grave [1].

La page 2 est blanche.

A la page 3, on voit le titre, qui est ainsi conçu :

Le Triomphe de Pradon sur les satires du sieur D***.

Au-dessous de ces lignes, il y a une sphère armillaire :

---

[1] M. Jal dit que Pradon n'a jamais fait graver son portrait, et il en conclut que c'était un homme modeste. M. Jal est l'auteur d'un Dictionnaire qui a pour objet de rectifier les erreurs commises dans tous les Dictionnaires historiques. On pourrait traiter M. Jal comme il traite ses devanciers, et publier le Dictionnaire des fautes qu'il a faites dans son ouvrage. Ce serait un volume de moyenne grandeur.

la terre est au centre; l'équateur, l'écliptique, les méridiens et les parallèles sont figurés grossièrement.

Plus bas on lit l'indication suivante : *A la Haye M. DC. LXXXVI.*

On ne trouve pas, dans le *Triomphe,* l'examen de toutes les satires; il n'y a que celui du Discours au Roi, et des trois premières satires. C'est une pièce stupide et sans intérêt; d'ailleurs la plupart des observations qu'elle renferme se trouvent reproduites dans les *Nouvelles Remarques.*

A la page 6, entre cette page et la page 7, au milieu par conséquent du premier cahier de ce volume, le relieur a cousu l'Épître à Alcandre, qui fait partie, ainsi qu'on le verra plus loin, des *Nouvelles Remarques.* C'est un cahier de huit pages, dont les numéros vont de 109 à 114 [1]. La page 109 est occupée par un petit avis au lecteur, au-dessous duquel il y a un fleuron assez élégant avec une tête chimérique au milieu, et divers dessins de fantaisie. Le bois de ce fleuron est très fatigué.

Le cahier de l'Épître à Alcandre a pour lettre de garde un T.

Après le *Triomphe,* on trouve les *Nouvelles Remarques.* Le feuillet qui renferme le titre n'est pas en tête de cette pièce. Il a été collé sur la reliure, pour la couvrir en dedans; le papier étant fort mauvais, on peut lire ce titre par transparence, avec ses moindres détails. A part un

---

[1] L'examen de cette pagination aurait dû suffire pour empêcher l'erreur de M. Berriat de Saint-Prix, qui a eu ce volume entre les mains, et qui s'est figuré que l'Épître à Alcandre faisait partie du *Triomphe de Pradon.*

petit fleuron, qui est au milieu, on n'y trouve pas autre chose que ceci :

Nouvelles Remarques sur tous les ouvrages du sieur D***. A la Haye, chez Jean Strik. M. DC. LXXXV.

Le V final est fait en forme de lettre italique.

Le texte des *Nouvelles Remarques* s'arrête à la page 107 ; la page 108 est blanche. Les feuilles sont alternativement de 8 pages et de 4 pages, en sorte que si on les groupe deux à deux, cela fait des assemblages de 12 pages ; ils portent les lettres suivantes : AB, CD, EF, GH, IK, LM, NO, PQ, RS. La lettre qui suit est donc le T, et la page qui doit suivre est la cent-neuvième ; on retrouve cette lettre et cette page au commencement de l'Épître à Alcandre.

Divers fleurons sans importance, intercalés dans le texte, servent à orner les titres.

Les caractères qui ont servi à faire la composition de cet ouvrage sont fatigués. Les fautes d'impression sont très nombreuses.

On trouve ensuite le *Lutrigot* de Bonnecorse. Il y a quarante pages, formées au moyen de quatre feuilles, dont trois pliées en six, qui donnent douze pages chacune, et la dernière de quatre pages.

Disons immédiatement qu'il y a après le *Lutrigot* une brochure de quatre pages, imprimée à Paris, chez Pierre le Petit, en 1686. Elle renferme une Épître en vers, par Genest (?) à M. D. L. P. On voit par la lecture du texte que c'est un certain M. de la Bastide, calviniste. L'auteur l'exhorte à se faire catholique. A la dernière page, on lit un sonnet adressé à Louis XIV pour le louer de ses efforts persistants, qui ont pour objet la conversion forcée des calvinistes. Il est signé de Boyer « de l'Académie française ». Ce Boyer a été immortalisé par Boileau et par Racine ; l'opprobre qui s'attache à sa poésie vivra autant que la langue française elle-même. Ni l'Épître, ni le sonnet n'ont aucun rapport avec les œuvres de Boileau.

Le *Lutrigot* de Bonnecorse est bien peu connu ; il ne mérite guère un sort plus glorieux ; cependant on y trouve quelques jolis vers. Boileau s'appelle *Lutrigot*, Racine, *Gardine*, Chapelle, *Rigelle;* le libraire Barbin se nomme *Garbin*. Apollon est au Parnasse au milieu des Muses ; il s'informe des faits et gestes de Boileau ; Terpsichore seule prend la défense du poète. Elle croyait, dit Bonnecorse,

faire, en défendant sa cause,
D'un rimeur un poète, et de rien quelque chose.

Elle inspire à Boileau le sujet du *Lutrin ;* une discussion s'engage pour faire imprimer ce livre ; Boileau se plaint à Racine de la méfiance de Barbin :

Mon Lutrin *l'épouvante, et ce libraire altier*
Craint d'y perdre ses soins, son encre et son papier.

Dès que le *Lutrin* est terminé, Boileau se rend au Parnasse, et donne lecture de son œuvre, au grand scandale d'Apollon, qui termine tout en organisant un cortège ridicule.

Le *Lutrigot* est imprimé à Marseille par *Ch. Brébion, imprimeur du Roy, de M*gr *l'Évêque et du Clergé de la ville* (1686). — Il n'y a pas de privilège.

Bonnecorse était de Marseille. Il a été consul de France au Caire. La meilleure critique de son *Lutrigot* est celle que donne Boileau lui-même (7e lettre à Brossette) ; elle s'applique avec une singulière exactitude aux pièces de Pradon, telles que l'*Épître à Alcandre*, ou l'*Épître à*

M. D*** qu'on lit dans les *Nouvelles Remarques*. Bonnecorse et Pradon ne trouvent rien de mieux à faire, pour critiquer Boileau, que de reprendre ses vers et de les retourner ; c'est ce qui fait dire à Boileau qu'il n'a *aucun mal talent* contre Bonnecorse, et il ajoute : « Il semble qu'il ait pris à tâche... d'attaquer tous les traits les plus vifs de mes ouvrages ; et le plaisant de l'affaire est que, sans montrer en quoi ces traits pèchent, il se figure qu'il suffit de les rapporter pour en dégoûter les hommes. » Voici par exemple comment Pradon termine son Épître à M. D*** :

Ma veine quelque jour fera d'autres portraits ;
Quelque scène burlesque en fournira les traits ;
Là je mettrai du sel à mon style insipide,
Et, non loin de la place où Brioché préside,
Tu verras par mes vers mis sur un autre ton,
Si l'on doit admirer le savoir de Pradon.

C'est la reproduction des derniers vers de l'Épître à Racine, et, comme le dit fort bien Boileau, Pradon paraît croire *qu'il suffit de les rapporter pour en dégoûter les hommes.*

Si nous revenons maintenant à l'édition des *Nouvelles Remarques,* qui est complète dans notre volume, quoique ses éléments soient dispersés dans trois endroits différents, nous voyons que, par sa pagination et par les fautes d'impression qu'on y trouve, elle répond parfaitement à celle que Saint-Marc a eue entre les mains ; c'est cette édition que Saint-Marc a citée, a étudiée si longuement et que tous les éditeurs de Boileau ont mise à contribution, après lui, pour commenter un grand nombre de passages du poète.

On trouve à la Bibliothèque de Grenoble un autre

volume qui porte la cote F. 2722, et qui ne renferme que les *Nouvelles Remarques*. En comparant cet exemplaire au précédent, on y voit des conditions d'identité très remarquables. Les caractères sont également fatigués : la composition reproduit exactement les mêmes lignes, les mêmes distances et les mêmes fautes d'impression. On lit, par exemple, à la page 31, dans l'un comme dans l'autre volume : *Jeune et villant Héros* (pour *vaillant Héros*), — *est-ce là parler Francçois*, — à la page 105, *cent mil écus à Augustin Courbé*, au lieu de *cent mille*, etc., etc. Mais il y a des différences qui prouvent que les deux pièces ne sont pas le résultat d'un même tirage, ou, pour parler plus exactement, d'une même mise en train. C'est ainsi qu'à la page 30, toutes les lignes sont tordues dans le volume E; elles sont redressées dans le volume F. Le fleuron de l'Épître à Alcandre a été imprimé dans le volume F avec un bois neuf. La lettre d'ordre de la feuille qui renferme cette épître est un K au lieu d'un T, et, en effet, les petits groupes binaires qui formeraient des ensembles de 12 pages sont au nombre de neuf, et le K est la dixième lettre de l'alphabet. On pourrait multiplier ces remarques ; ce que nous avons dit est suffisant pour faire voir qu'il y a là deux pièces presque identiques. Celle du volume E est évidemment la première.

M. Maignien, bibliothècaire de la ville de Grenoble, possède un troisième exemplaire qui tient en quelque sorte le milieu entre les deux exemplaires précédents. La lettre T est déjà changée en K dans l'Épître à Alcandre, mais les lignes de la page 30 ne sont pas redressées encore.

En somme, il est clair qu'on a fait sur une composition

assez mauvaise un tirage interrompu plusieurs fois par des temps d'arrêt qui ont servi à modifier très légèrement cette composition.

J'ai une note que M. Delisle a bien voulu m'envoyer ; il en résulte que la Bibliothèque nationale de Paris renferme deux exemplaires — *légèrement différents,* — de cette édition de 1685. Ils sont cotés : *Ye 8801* et *Ye 8802.*

Tous les érudits qui font des recherches sur notre littérature classique prennent pour centre de leurs opérations la Bibliothèque nationale ; cela est assez naturel et assez juste ; mais, dans l'espèce, il en est résulté que ces tirages de 1685 sont les seuls qui aient été mis à contribution pour l'étude des œuvres de Boileau.

J'ai un exemplaire d'une autre édition, dont personne ne parle. Elle est de 1687. Elle ressemble beaucoup à celle de 1685 ; mais il est évident tout d'abord que la composition n'est pas la même.

Les caractères sont neufs.

Le papier est plus beau.

Les feuilles sont pliées en douze, de manière à former des cahiers de 24 pages. Ces cahiers sont au nombre de quatre ; de la page 96 à la page 108, il y en a un cinquième de 12 pages qui porte la lettre E. Il y en a encore un de 8 pages pour l'Épître à Alcandre. Il ne porte pas de lettre du tout.

La composition a été faite, sans aucun doute, d'après l'édition précédente ; mais elle n'est pas identique ; on trouve, assez souvent, quelques lettres de plus ou de moins à une ligne. Cette perte d'espace est rachetée à la ligne suivante. Quand on en vient à examiner l'*Épître à Monsieur D***,* on remarque une différence de composition très grande. Dans les éditions de 1685, les notes sont en marge; dans celle de 1687, elles sont au bas de la page; il en résulte que l'Épître prend une page de plus : dans la première édition, elle va de la page 19 à la page 27 ; dans celle qui nous occupe, elle va à la page 28. Il en résulte que toutes les citations de Saint-Marc se retrouvent dans l'édition de 1687, à la page suivante seulement, s'il s'agit d'une page placée après celle qui porte le n° 28. C'est ainsi que son texte a 107 pages, au lieu que le nôtre en a 108.

Les fautes d'impression du premier tirage ne reparaissent pas dans celui de 1687 ; par contre, celui-ci en présente d'autres, en petit nombre d'ailleurs, qui n'existaient pas dans le tirage de 1685 ; par exemple, à la page 65 *passonsx* pour *passons,* à la page 9, *ou* pour *un*, à la page 7, *Berbœuf* pour *Brébœuf.*

Les fleurons ne sont pas les mêmes; le fleuron si remarquable de l'Épître à Alcandre est remplacé par un petit dessin très simple.

Il y a dans le titre une différence très importante, qui porte sur la date. On avait d'abord composé la première date, ce qui avait fait, comme dans l'édition précédente *M. DC. LXXXV.* avec cette seule différence que le *V* final avait la forme romaine. Ensuite, on a voulu ajouter les caractères *II,* pour faire le sept; on les a ajoutés en effet, et on a fait repasser la feuille sur la forme. Il en est résulté divers accidents.

Le premier *I* s'est imprimé sur le point qui venait après le *V* et on voit nettement cette superposition.

Les deux *II* sont un peu en dessous du reste de la ligne.

Enfin, comme il restait de l'encre sur le *M. DC. LXXXV,* tout cela s'est réimprimé, un peu vaguement, à gauche de l'impression précédente.

— 15 —

L'exemplaire que je possède a été mal relié. On a mis l'*Épître à Alcandre* après le titre, au lieu de la mettre à la fin du volume.

Cet exemplaire porte, sur la feuille de garde de la reliure, la note suivante : *Ex bibliotheca D. Abbatis Colbert de Maulevrier : n° 1682*. Le seul personnage qui, dans la nombreuse famille des Colbert, puisse répondre à cette indication, est Louis Charles, abbé de Maulevrier, né en 1686, mort en 1726. Il renonça à l'état ecclésiastique, et se maria en 1724. Il était fils de Marie-Madeleine de Bautru, morte en 1700, et de François-Colbert de Maulevrier, chef de la branche de ce nom, mort en 1693. François Colbert était le frère du ministre ; sa carrière a été toute militaire. Il eut cinq enfants.

Il est difficile de savoir comment l'abbé de Maulevrier est devenu acquéreur de ce volume. L'examen des catalogues des bibliothèques de ses oncles apprendrait peut-être quelque chose sur ce point.

Au dos de la reliure, il y a cinq petits caissons ornés chacun d'une fleur de lys d'or, à la réserve du second, où on lit : *Cri de Boy*, c'est-à-dire évidemment : CRITIQUE DE BOILEAU.

Rien ne prouve que les éditions du livre de Pradon aient été imprimées à La Haye[1]. M. Bekink, bibliothécaire à La Haye, veut bien m'écrire que la Bibliothèque

---

[1] M. Barbier, dans son *Dictionnaire des Anonymes*, dit, sans donner d'ailleurs aucune preuve, que le véritable lieu de l'impression est Lyon. C'est peut-être vrai. Le *Triomphe de Pradon* a eu en 1684 une première édition qui est datée de Lyon. Saint-Marc n'a pas connu cette pièce. Il a cru que la première édition était celle de 1686, que nous avons mentionnée plus haut.

Royale de cette ville ne possède aucun livre où l'on trouve le nom de Jean Strik. On trouve ce nom, sans aucune indication, dans des catalogues d'imprimeurs hollandais. Mais il se peut que les auteurs de ces catalogues aient eu pour seule et unique autorité les commentateurs de Boileau. Pradon raconte lui-même qu'il n'a pu obtenir de privilège, et qu'il abandonne son œuvre aux libraires qui seront à même d'y trouver leur avantage.

Peut-être faut-il croire que le nom de Strik, très semblable aux mots français *satire, satirique,* a été imaginé pour composer un anagramme. Le membre de phrase *A La Haye chez Jean Strik,* renferme à peu près les mêmes lettres que celui-ci, qui répond fort bien à l'idée et à l'intention de l'auteur : *Hay ! échec à la satire !* Comme Pradon est, après tout, un grand nigaud et un grand imbécile, il serait possible qu'il ait construit cet anagramme, et qu'il n'ait pas réussi à le rendre parfait. Le *k* est une des lettres qui manquent dans la phrase retournée ; mais c'est une lettre qui n'existe guère dans la langue française, et elle a pu être imaginée précisément pour donner une physionomie hollandaise au nom de Jean Strik.

§ II. — *Le Dialogue sur les Héros de roman.*

Parmi les ouvrages que Boileau a écrits en prose, il n'en est aucun dont l'agrément et le mérite soient comparables au *Dialogue sur les Héros de roman.* C'est un petit chef-d'œuvre, et on est en droit de s'étonner que le poète ne l'ait pas publié lui-même. Il n'a paru que dans une édition posthume, en 1713. Il est accompagné d'un

Discours préliminaire, très fin, très bien conçu, très amusant, composé en 1710, si l'on en croit Brossette. A cette époque, Boileau avait l'intention de donner une édition complète de tout ce qu'il avait écrit. Il y renonça, dit-on, parce que la cour, dominée par l'influence des Jésuites, s'opposait à l'impression de la satire sur l'Équivoque.

Après avoir exposé que le *Dialogue* est un travail de sa première jeunesse, le poète continue en ces termes : « Cependant, comme Mademoiselle de Scudéry était « vivante, je me contentai de composer ce dialogue *dans* « *ma tête,* et bien loin de le faire imprimer, je gagnai « même sur moi *de ne point l'écrire.....* »

Il est évident que Boileau se moque du lecteur. On ne peut pas concevoir que le *Dialogue* ait été composé de mémoire ; il faut avoir la plume à la main pour venir à bout d'un ouvrage en prose aussi long, aussi délicat, aussi soigné. D'ailleurs la raison de Boileau est plus absurde encore que le fait dont il s'agit. Cette raison, c'était « de ne point laisser voir le *Dialogue* sur le papier, « ne voulant pas donner ce chagrin à une fille qui, après « tout, avait beaucoup de mérite. »

Rien au monde n'est plus comique, plus contradictoire, plus insensé que d'entendre Boileau proclamant le mérite de Mademoiselle de Scudéry. Mais là où l'exagération dépasse toutes les limites permises, c'est quand il déclare qu'il n'avait pas même consenti à écrire son *Dialogue,* et cela, pour ne pas faire de la peine à l'auteur de *Cyrus* et de *Clélie,* à ce même auteur déjà foudroyé dans le *Lutrin,* dans les *Satires,* dans l'*Art poétique,* dans le *Discours sur l'Ode,* dans les *Épigrammes.*

Enfin, pour achever de déduire ses motifs, le poète

ajoute qu'il s'est décidé à écrire son *Dialogue,* tel qu'il était dans sa mémoire, — une mémoire bien puissante en vérité, — et qu'il prend le parti de le publier, parce que Mademoiselle de Scudéry est morte[1], et parce que ses livres sont oubliés depuis longtemps. Ils ne le seront jamais au contraire, et c'est à Boileau lui-même qu'ils doivent leur déplorable immortalité ; Boileau prévoyait ce résultat, et il le sentait mieux que personne.

Boileau prétend que le *Dialogue* est de 1664. Par conséquent, il aurait dû le garder dans son esprit, sans jamais l'écrire, pendant quarante-six ans.

Cependant il a paru, en 1688, dans le recueil intitulé : *Retour des pièces choisies.* Plus tard, il a été inséré dans les œuvres de Saint-Évremond. Boileau, dans une de ses lettres à Brossette (27 mars 1704), affirme que ces reproductions sont infidèles. Voici comment il les explique dans sa préface : « En ma jeunesse, l'ayant récité plu-
« sieurs fois dans des compagnies où il se trouvait des
« gens qui avaient beaucoup de mémoire[2], ces personnes
« en ont retenu plusieurs lambeaux, dont elles ont
« ensuite composé un ouvrage qu'on a distribué sous le
« nom de *Dialogue de M. Despréaux,* et qui a été im-
« primé plusieurs fois dans les pays étrangers. »

Quelles étaient ces personnes douées d'une mémoire si heureuse ? D'après la lettre à Brossette, c'était le marquis de Sévigné. Voilà encore qui est bien invraisem-

---

[1] En 1701, à l'âge de quatre-vingt-quatorze ans. — En juin 1701, si l'on en croit M. Jal. Mais personne ne serait obligé de le croire, si Brossette n'avait pas donné la date du 2 juin 1701, dont M. Jal s'attribue la découverte avec beaucoup de sang-froid.
[2] — (! !) —

blable. Nous connaissons les goûts littéraires du marquis ; ils étaient les mêmes que ceux de sa mère ; pour lui comme pour elle, Mademoiselle de Scudéry était une dixième muse. S'il fallait insister encore, nous dirions que Boileau, préoccupé du désir de ne pas faire de la peine à Mademoiselle de Scudéry, était fort maladroit et fort malheureux d'aller réciter son ouvrage en prose à des individus qui le retenaient par cœur, et qui s'empressaient ensuite de le publier malgré lui. Cela n'était-il pas bien plus grave que de le coucher par écrit sur une feuille de papier, et de ne la montrer jamais à qui que ce soit ?

Avant d'éclaircir le mystère, il n'est pas hors de propos d'observer que Mademoiselle de Scudéry a joui d'une grande faveur à la cour en 1683, c'est-à-dire à une époque où Boileau avait déjà publié la plupart de ses œuvres.

Madame de Sévigné s'exprime ainsi sur ce sujet :

« Vous savez comme le Roi a donné 2000 livres de
« pension à Mademoiselle de Scudéry ; c'est par un billet
« de Madame de Maintenon qu'elle apprit cette bonne
« nouvelle ; elle fut remercier Sa Majesté un jour d'ap-
« partement ; elle fut reçue en toute perfection ; c'était
« une affaire que de recevoir cette merveilleuse muse ;
« le Roi lui parla et l'embrassa pour l'empêcher d'em-
« brasser ses genoux ; toute cette petite conversation fut
« d'une justesse admirable ; Madame de Maintenon était
« l'interprète. Tout le Parnasse est en émotion pour
« remercier le héros et l'héroïne. » (*Lettres inédites de Madame de Sévigné, publiées par Grouvelle.*)

Cette lettre est du mois de mars 1683.

Voici maintenant ce que dit Pradon, à la page 105 de ses *Nouvelles Remarques* (édition de 1687) :

« Il me semble que Monsieur D* ne devoit point
« rebattre une injuste critique qu'il avait déja fait en tant
« d'endroits. Page 270.

Saisissant du Cyrus un volume écarté,
Il lance au Sacristain le tome épouvantable.

« Et plus bas.

Le vieillard accablé de l'horrible Artamene.

« Cependant, ces Tomes épouvantables, et cet horrible
« Artamene qui ont esté traduits en toutes sortes de lan-
« gues, même en Arabe, et qui font encore aujourd'huy
« la plus delicieuse lecteure des premieres personnes de
« la Cour : cet horrible Artamene, dis-je, dont on achetoit
« les feuilles si cherement à mesure qu'on les impri-
« moit, et qui ont enfin fait gagner cent-mille écus à
« Augustin Courbé, est à present l'objet de la satire de
« Monsieur D*. Quand ses satires auront fait gagner
« cent mille écus à Barbin, on souffrira sa critique un
« peu plus tranquillement, et quoi qu'il dise

A ses propres dépens enrichir le Libraire.

« Je crois qu'il y a encore du chemin à faire jusque là.
« En verité *Cyrus* et *Clelie* sont des Ouvrages qui ont
« illustré la langue Françoise, et les marques éclatantes
« d'estime que le Roy a donné à une personne illustre et
« modeste *qu'il n'a jamais voulu estre nommée* devroient
« arrêter monsieur D*. »

L'expression de Pradon : *qu'il n'a jamais voulu être nommée*, est bizarre et de mauvais goût. Tout d'abord, on ne la comprend pas bien, mais en réfléchissant aux faits que nous venons d'étudier, elle s'explique. Le roi avait défendu à Boileau d'attaquer Mademoiselle de Scudéry. Il lui avait défendu, notamment, de publier son *Dialogue*.

Le *Dialogue* a dû être composé après l'époque où l'horrible bas-bleu, protégée par Madame de Maintenon, avait gagné la faveur de la cour. Boileau, suivant son habitude, en avait donné lecture à plusieurs personnes avant de se décider à l'imprimer. Une prohibition formelle a été lancée par Louis XIV.

En 1685, Pradon publie, pour la première fois, ce qui s'est passé. Il triomphe ; alors Boileau, profondément irrité, donne son *Dialogue* à la presse ; mais il cherche à faire croire qu'on le lui a dérobé, et qu'on l'a imprimé malgré lui. En 1704, il maintient cette légende, et il la raconte à Brossette. Il n'avait pas encore inventé la petite histoire qu'on lit dans sa préface[1]. D'ailleurs Brossette aurait ouvert de grands yeux, et aurait demandé des éclaircissements, si Boileau lui avait déclaré qu'il ne voulait pas *faire de la peine* à Mademoiselle de Scudéry. Aussi il se borne à lui dire que, pour ne point donner cet ouvrage au public, il a eu *des raisons très légitimes,* et il ajoute : « Je suis persuadé que vous les approuverez. » Ces raisons légitimes, c'étaient les défenses du roi.

Les commentateurs de Boileau n'ont pas eu entre les mains notre édition de 1687 ; ils citent toujours l'édition de 1685, où il y a une faute d'impression qui rend le passage de Pradon inintelligible. On lit, en effet, dans cette édition, à la page citée : « Une personne illustre et « modeste, *qui* n'a jamais voulu estre nommée. »

Depuis l'époque où Boileau a publié les derniers chants

---

[1] Voir la note I.

du *Lutrin* (1681), on ne voit pas qu'il ait rien fait imprimer contre Mlle de Scudéry, si ce n'est une phrase du *Discours sur l'Ode,* où il dit de Perrault que c'est un homme sans goût, « qui croit que la *Clélie* et nos opéras « sont des modèles du genre sublime, et qui trouve « Térence fade, Virgile, froid, Homère, de mauvais « sens, etc. »

Dans cette phrase, qui est de l'année 1692, Mlle de Scudéry n'est pas nommée; mais elle est écrasée d'un seul mot, et avec une vigueur qui pouvait bien lui causer quelque chagrin. L'éloge exagéré que le poète donne à Louis XIV, dans l'Ode sur la prise de Namur, pouvait faire excuser cette désobéissance à un ordre formel.

L'effet de la prohibition royale se fait sentir avec plus de force que jamais dans la satire sur les femmes (1692), où Boileau se borne à citer *Clélie* et à nommer le fleuve du Tendre, en des termes tels qu'il faudrait un esprit bien prévenu pour y voir autre chose qu'une simple allusion; l'intention critique disparaît; et cependant le caractère de l'œuvre appelait le sarcasme et désignait d'avance Mlle de Scudéry à la fureur du poète. Elle s'est épuisée sur Mme Deshoulières, qui la méritait bien moins.

Et quant à l'édition complète de 1710, pourquoi n'at-elle pas paru? Est-ce vraiment à cause de la satire sur l'Équivoque? Cela est possible; cela est probable. Mais peut-être faut-il croire que le *Dialogue* a été pour quelque chose dans le refus de la cour. — Pour quelque chose, et même pour beaucoup.

§ III. — *Relations de Boileau avec Charpentier.*

Pradon se plaint de ne pas avoir obtenu le privilège royal qui lui était nécessaire pour vendre son livre. C'est pour ce motif qu'il a inventé le nom de Jean Strik : ce livre n'aurait pas dû paraître en France ; on a fait semblant de le faire imprimer à La Haye. Le *Triomphe* avait déjà éprouvé la même mésaventure. Mais les *Remarques* doivent leur échec, suivant Pradon, à un personnage qui a eu les relations les plus singulières avec Boileau : c'est Charpentier, de l'Académie française. Dans ses lettres à Racine et à Brossette, Boileau raconte qu'il passait son temps à le contredire, soit à l'Académie, soit ailleurs. Il l'a affreusement maltraité dans trois passages de ses œuvres, mais sans le nommer. Dans le Discours au Roi, il s'exprime ainsi :

L'un, en style pompeux habillant une églogue,
De ses rares vertus te fait un long prologue, etc.

Ici l'allusion est évidente, puisque Charpentier avait publié un poème intitulé *Louis, églogue royale,* où il mélange, comme dit Boileau, son propre panégyrique avec celui de Louis XIV.

Suivant Pradon, ce serait encore Charpentier qu'il faudrait voir dans le *pédant bouffi d'arrogance,* de la satire à Le Vayer. Ceci est assez contestable.

Mais l'assertion la plus curieuse de Pradon est celle qui se rapporte à l'image du *Lutrin :*

Là; Xénophon en l'air heurte contr'un La Serre.

Brossette, inspiré par Boileau, explique ainsi cette phrase :

« La Serre, misérable écrivain, vil faiseur de galima-
« tias, mis en opposition avec Xénophon, dont le style est
« la douceur et la netteté même. »

Suivant Pradon, ce Xénophon ne serait autre chose que la traduction de la Cyropédie par Charpentier. « Cette « Cyropédie admirable, dit-il dans ses *Remarques,* saute « en l'air et est confondue avec tous les mauvais livres « poudreux qui sortent du magasin de Barbin. »

Ce qu'il y a de certain, et ce que Pradon devait savoir à merveille, c'est que le permis d'imprimer dont il avait besoin pour faire paraître ses *Remarques,* fut retenu pendant un an par Charpentier, qui l'avait promis d'abord, et qui finit par le refuser.

Pour prix de ce dévouement aux intérêts de Boileau l'étrange académicien a obtenu de ne pas être nommé dans les notes de Brossette, et il a évité, au moins pendant deux siècles, de jouir de cette immortalité cruelle que notre grand satirique a infligée à tant d'écrivains.

Du reste, Boileau s'exprime ainsi :

Là, près d'un Guarini, Térence tombe à terre;
Là, Xénophon en l'air heurte contr'un La Serre.

Brossette oppose Guarini à Térence, comme il oppose La Serre à Xénophon. Il dit que Guarini est très affecté, et que Térence est la nature même. Mais cela n'est pas exact. Le style de Guarini est au contraire d'une naïveté et d'une simplicité extrême. Il ressemble, à s'y méprendre, au style de Térence, et la critique de Boileau contre Charpentier n'en est que plus sanglante; elle revient à dire que Charpentier a réussi à mettre la Cyropédie en français d'une manière tellement affreuse, que le style de Xénophon devient tout pareil à celui de La Serre.

On trouve, en effet, dans cette traduction, des phrases telles que celles-ci : « Ce qui *est* le plus étonnant *est* qu'il ait pu *être* en même temps si redouté et si aimé. » « Souvent aussi l'on trouve des occasions de s'éveiller « l'esprit et le courage, lors que l'on a affaire à des bêtes « pareilles[1] ; car il ne faut pas être *si attentif à les frapper* « *qu'on ne se donne de garde d'elles.* » Cependant le style est en général assez correct. L'ouvrage est dédié au cardinal Mazarin ; la première édition est de 1651.

On remarque dans la dédicace de cette Cyropédie, des expressions qui expliquent de la manière la plus nette un passage de Boileau. C'est celui qui s'adresse au marquis de Seignelay (Épître IX) :

Si, pour faire sa cour à ton illustre père,
Seignelay, quelque auteur, d'un faux zèle emporté,
Au lieu de peindre en lui la noble activité,
La solide vertu, la vaste intelligence,
Le zèle pour son roi, l'ardeur, la vigilance,
La constante équité, l'amour pour les beaux-arts,
Lui donnait les vertus d'Alexandre ou de Mars,
Et pouvant justement l'égaler à Mécène,
Le comparait au fils de Pélée ou d'Alcmène,
Ses yeux d'un tel discours faiblement éblouis,
Bientôt dans ce tableau reconnaîtraient Louis,
Et glaçant d'un regard la muse et le poète,
Imposeraient silence à sa verve indiscrète.

Dans ce flatteur maladroit, personne n'a jamais vu autre chose qu'un personnage imaginaire. Mais ce n'est point ainsi que Boileau a l'habitude d'écrire. Il s'adresse tou-

---

[1] A la chasse.

jours avec précision à des individus réels, et on observe que Charpentier, dans son éloge de Mazarin, fait justement ce que dit ici le satirique ; on va en juger :

« Vos pareils, Monseigneur, qui font des choses si au
« dessus de la portée des hommes, sont sujets à trouver
« des incrédules, et à passer pour des personnages fabu-
« leux, parce qu'ils sont des personnes fort extraordi-
« naires. Mais il n'y a point de remèdes, il faut que
« *VOTRE ÉMINENCE* se console de ce malheur qui
« vous arrivera sans doute, ou qu'elle se plaigne de la
« Providence, qui a voulu que vous fussiez de l'ordre *des*
« *conquérants et des hommes héroïques*...... et comme
« vous avez été l'admiration de toute l'Europe, quand vous
« étiez *LE VICTORIEUX ET LE TRIOMPHATEUR,* il
« ne faut pas douter que vous n'en soyez désormais les
« délices, après avoir joint *à ces noms redoutés* le titre
« admirable *DE PACIFIQUE*[1]. »

Les faits sont ainsi bien évidents. Boileau passe sa vie dans un état de lutte et d'antipathie contre Charpentier[2]. Il le frappe une première fois, sans le nommer, dans le *Discours au Roi,* où il le désigne cependant de la manière la plus claire. Plus tard il l'écrase, il épuise sa fureur contre lui, dans le *Lutrin* et dans l'*Épître à Seignelay.* Mais ces attaques sont un peu mystérieuses. Charpentier, effrayé, cherche à détourner les coups de son terrible adversaire ; il lui rend le service d'entraver la publication des *Remarques* de Pradon. Boileau, reconnaissant, garde le silence sur la véritable signification de l'Épître ; il

---

[1] Édition de 1775 (à Paris par la Compagnie des Libraires). Le Privilège est du 25 mai 1774.

[2] Voir la note II.

donne à Brossette une explication fausse de la sanglante épigramme du Lutrin. Toute cette intrigue nous serait inconnue si elle n'était révélée par Pradon.

Boileau avait une foule de raisons pour redouter l'impression des *Remarques*. Une des plus piquantes, et une de celles dont le commentaire de Brossette n'a pas conservé la trace, c'est que Pradon a révélé dans l'Épître à Lamoignon une faute de langue. Il est singulièrement comique de voir ce misérable écrivain qui donne ainsi à l'un des plus grands poètes français une leçon de style, et, il faut bien le dire, une leçon méritée, puisque Boileau s'est corrigé en conséquence.

Le passage le plus amusant de l'Épître à Lamoignon est celui où il s'agit des périls de toute sorte qui attendent Boileau à son retour de la campagne. Dans sa première édition [1], le poète s'exprimait ainsi :

Pradon a mis au jour un livre contre vous,
Et chez le chapelier du coin de notre place,
A l'autour d'un castor j'en ai lu la préface.

Cette préface était celle de la tragédie de *Phèdre*, que Pradon écrivit pour faire échec au chef-d'œuvre de Racine, et qui ne passa pas tout de suite chez le chapelier, comme Boileau le donne à entendre. On la joua pendant trois mois, et la stupidité du public lui fit un succès très important.

Dans ses *Remarques* (page 69) Pradon fait une observation très juste ; c'est que : « A l'entour ne se dit point ;

---

[1] En 1677. La *Phèdre* de Racine fut jouée pour la première fois le 1er janvier 1677, et celle de Pradon, le 3 janvier de la même année.

« on dit bien dans ces lieux d'alentour, mais non pas à
« l'entour d'un castor. »

Boileau attendit longtemps pour se corriger ; il se corrigea enfin, et, dans l'édition de 1701, il écrivit : « Autour d'un caudebec [1]. » Ce n'est pas extrêmement heureux ; on ne sait pas ce que c'est qu'un caudebec, et il faut une note à cet endroit pour apprendre au lecteur qu'il s'agit d'une espèce particulière de chapeaux. On peut même se demander si ces chapeaux-là ont jamais existé autre part que dans l'imagination de Boileau.

Quand on examine cette affaire, il semble qu'on lit dans La Fontaine la fable de l'Aigle et de l'Escarbot. Le vil insecte s'élève jusque dans le nid du roi des airs ; il y dépose ses immondices, et l'aigle est obligé d'en subir les conséquences.

La capitulation de Boileau avec Charpentier est bien marquée dans le discours de réception à l'Académie française. Du reste, ce discours tout entier est une capitulation avec l'Académie. Lorsque Boileau est entré dans la demeure des quarante immortels, il a cédé à la volonté de Louis XIV, et on n'ignore pas que les Immortels, de leur côté, ont obéi, bien à malgré eux, à cette volonté qui ne souffrait pas de contradiction. Si l'on cherche dans leurs rangs les victimes de Boileau, on n'en trouve pas moins de trente-deux ; en voici la liste par ordre chronologique ; les millésimes placés en regard des noms indiquent la date de la mort des académiciens.

---

[1] On dit que Pradon publia, en 1701, chez Ribou, une nouvelle édition de ses *Remarques*. C'est peut-être ce qui a décidé Boileau à faire la correction.

Bardin	1637
Faret	1640
Maynard	1646
Malleville	1647
Voiture	1648
Baro	1650
Balzac	1654
Saint-Amand	1660
La Ménardière	1663
Gombauld	1666
Scudéry	1667
Gilles Boileau	1669
François de Lamothe Le Vayer	1672
La Chapelle	1673
Chapelain	1674
Gomberville	1674
Conrard	1675
Desmarest de Saint-Sorlin	1676
Cassaigne	1679
Cotin	1682
Quinaut	1688
Benserade	1691
Leclerc	1691
François Tallemant des Réaux	1693
Pellisson	1693
Barbier d'Aucourt	1694
Boyer	1698
Charpentier	1702
Charles Perrault	1703
Mauroi	1705
Regnier Desmarais	1713
Tourreil	1715

Il faut bien le reconnaître, c'était là le plus beau conservatoire d'imbéciles qu'il y ait jamais eu au monde. Mais l'Académie jouissait de la protection du roi ; elle formait l'une des parties intégrantes et essentielles de ce système solennel de la France du xviie siècle, où tout devait être parfait. Louis XIV obligea Boileau à faire, en quelque sorte, amende honorable, et à devenir un immortel comme les autres. Le poète se refusa d'ailleurs à solliciter son admission, et malgré la modestie affectée de son discours de remercîment, on y retrouve quelque chose qui rappelle cette attitude hautaine : les éloges qu'il prodigue à la Société sont collectifs ; ils ont un caractère vague, général, indécis ; il ne lui arrive qu'une seule fois de désigner des individus déterminés ; et c'est justement lorsqu'il parle des traducteurs de Tacite et de Xénophon. Le traducteur de Xénophon, c'était Charpentier. Charpentier avait alors chez lui les *Remarques* de Pradon ; le discours a été prononcé en juillet 1684, c'est-à-dire pendant cette même année où les *Remarques* subissaient la douloureuse épreuve de la censure, qui se termina, comme dit Pradon, par le *refus du visa*.

Après avoir payé la complaisance de son collègue, soit par cet éloge public et éclatant, soit par la fausse interprétation des vers du *Lutrin,* Boileau jugea qu'il s'était acquitté envers lui. Il entreprit alors cette guerre académique très bizarre, dont il parle plusieurs fois dans sa correspondance, et qui montre si bien le sentiment d'une rancune implacable. Cependant, il demeura toujours fidèle aux engagements qu'il avait pris.

---

[1] Voir la note III.

Boileau avait tort de craindre la publication des Nouvelles Remarques; ce livre est aujourd'hui le seul document qui puisse nous révéler la persécution de Louis XIV, le *veto* qu'il a opposé à la publication d'un des meilleurs ouvrages du siècle, les défenses qu'il a adressées au grand poète pour l'empêcher de donner une libre carrière à son génie. On voit par là que Boileau n'a pas seulement lutté contre le mauvais goût de son époque; il a combattu l'influence royale et la puissance politique dont les efforts tendaient à soutenir et à défendre la cause des Scudérys et des Chapelains. Louis XIV, dira-t-on, a protégé le poète, c'est vrai; mais il l'a protégé matériellement, et il a fait ce qui lui était possible pour lui imposer silence. Louis XIV a protégé Boileau comme Urbain VIII a protégé Galilée : il lui a donné des secours d'argent, et il lui a intimé l'ordre de se taire. Boileau a résisté comme Galilée. Son Dialogue sur les Héros de roman, c'est le *E pur si muove* de la grande satire française, baillonnée en vain par les caprices de la cour. Sans le livre de Pradon, nous n'aurions pas le secret de cette lutte glorieuse, qui fait tant d'honneur à la mémoire de Boileau, et qui est demeurée inconnue jusqu'ici.

NOTE I.

On pourrait comparer la préface de Boileau à celle que Galilée nous a donnée pour ses Dialogues sur le système du monde. C'est, de part et d'autre, la même intention, le même génie, le même parti pris de mystifier le lecteur. Boileau, dans le *Dialogue,* va mettre en pièces M{}^{lle} de Scudéry : dans sa préface, il dit qu'elle avait beaucoup de mérite. De même Galilée nous rappelle l'édit qui défend d'attaquer les systèmes d'Aristote, et il prétend que cet édit est salutaire, et qu'il a contribué lui-même à le faire publier par l'Inquisition.

« Il y a quelques années, dit-il, on publia dans Rome un édit
« très opportun et très salutaire, qui avait pour objet de mettre un
« un terme aux périlleux scandales de notre siècle, et d'imposer
« silence à l'opinion pythagoricienne du mouvement de la terre. Il
« ne manqua pas d'esprits téméraires pour affirmer que ce décret
« était fondé sur la passion et sur l'ignorance, bien plus que sur des
« études judicieuses. On prétendait que les consulteurs n'avaient
« jamais fait d'observations astronomiques, et qu'ils avaient tort de
« vouloir couper les ailes à la spéculation par des défenses inat-
« tendues. Mon zèle n'a pu se résigner au silence ; des lamentations
« aussi téméraires m'ont fait juger qu'il fallait me produire à mon
« tour sur le théâtre du monde, pour rendre témoignage à la vérité,
« en homme pleinement instruit de cette prudente résolution.
« J'étais alors à Rome ; je me suis fait entendre et applaudir[1] par
« les prélats les plus éminents de cette cour, et la publication du
« décret n'a pas eu lieu sans que j'y aie pris part[2]. Aussi, dans le
« présent ouvrage, je me propose de montrer aux nations étran-
« gères, que la question est connue à Rome et en Italie au moins
« autant que par delà les Alpes. Je discuterai tout ce qui a rapport
« au système de Copernic ; je ferai voir qu'on savait tout cela à
« Rome avant de prononcer cette excellente censure. On verra que

---

[1] C'est-à-dire qu'il fut admonesté, et qu'on lui ordonna de ne plus parler du mouvement de la terre.

[2] Pour le combattre.

« nous ne produisons pas seulement des dogmes pour le salut de
« l'âme, et que nous savons aussi faire des découvertes ingénieuses
« qui réjouissent l'intelligence. »

NOTE II.

On lit dans le *Siècle de Louis XIV*, de Voltaire (chap. XXVIII) :
« C'est ce bon goût (le bon goût du roi) qui lui fit supprimer les inscriptions fastueuses dont Charpentier, de l'Académie française, avait chargé les tableaux de Le Brun, dans la galerie de Versailles : *l'incroyable passage du Rhin, la merveilleuse prise de Valenciennes*, etc. Le roi sentit que *la prise de Valenciennes, le passage du Rhin,* disaient davantage. »

On ne saurait pousser plus loin l'impudence et la mauvaise foi. Ce n'est pas Louis XIV qui eut la pensée de faire ces corrections ; c'est Boileau.

Colbert protégeait Charpentier ; à sa mort, la charge de surintendant des bâtiments, qu'il avait exercée, passa à Louvois ; celui-ci, ayant conféré avec Boileau, le pria de faire un mémoire qui pourrait être présenté au roi ; ce mémoire se trouve dans toutes les bonnes éditions du poète, il a pour titre : « Discours sur le style des Inscriptions. » Louis XIV lut cette pièce qui renferme justement les arguments présentés par Voltaire ; sur son ordre, on effaça les inscriptions de Charpentier, et on en mit d'autres fort simples, composées par Racine et Boileau.

Voltaire attribue ici à l'initiative du roi ce qui a été l'effet des conseils de Boileau. C'est ainsi que, dans un autre passage, il prétend que le génie de Racine a été perfectionné, — formé (!) par Louis XIV et par Colbert.

NOTE III.

Si Boileau a remonté le courant de son siècle, et a écrasé le mauvais goût qui régnait alors en France, il ne faut pas croire que son triomphe ait été complet tout d'abord. Il l'est aujourd'hui ; il ne l'était pas au temps de Louis XV. Voltaire, dans sa table des auteurs du *Siècle de Louis XIV*, cite vingt et un des académiciens flétris par Boileau. Il parait se faire un devoir d'ignorer les critiques du poète ; il n'en parle que deux fois, et c'est pour lui donner tort. Il essaye de glorifier, en dépit de Boileau, les vers imbéciles de Quinaut, et la prose plus imbécile encore de Charles Perrault. Les autres immortels nommés dans Voltaire sont les suivants : — Maynard, Malleville, Voiture, Balzac, Gombauld, Scudéry, Gilles Boileau, Le Vayer, Chapelain, Gomberville, Saint-Sorlin, Benserade, Leclerc, Tallemant, Pellisson, Barbier d'Aucourt, Charpentier, Régnier Desmarais, Tourreil. Ils sont presque tous l'objet des éloges de Voltaire. Au sujet de Desmarest de Saint-Sorlin, Voltaire pousse la partialité jusqu'à ne pas dire un mot du poème épique, si monstrueusement ridicule, du *Clovis*, que Boileau a cité plus d'une fois. Il se borne à observer sans un seul mot de blâme que le nom de Scudéry est plus connu que ses ouvrages. Il cherche même à justifier Chapelain, qui, d'après lui, a rendu des services et avait beaucoup de goût et une immense littérature *(sic)*.

www.ingramcontent.com/pod-product-compliance
Lightning Source LLC
Chambersburg PA
CBHW070659050426
42451CB00008B/423